# MEDITERRANEAN & MOUNTAIN LIVING

## BY COLLECTION PRIVÉE

### GILLES PELLERIN & NICOLETTE SCHOUTEN

# MEDITERRANEAN
# & MOUNTAIN LIVING

## BY COLLECTION PRIVÉE
### GILLES PELLERIN & NICOLETTE SCHOUTEN

BETA-PLUS

# CONTENTS

# SOMMAIRE

# INHOUD

# FOREWORD

**Collection Privée: 25 years of shared passion**

The story starts in 1985. Gilles Pellerin and Nicolette Schouten decided to join forces and use their respective skills to create an architectural firm, an interior decoration department and a show room in Cannes and Valbonne. The complementary nature of their human and professional interaction very quickly gained adherents through the demand for quality and the customisation and attentiveness that result from it. The firm very quickly increased in size and the show room constantly drew in new clients. Gilles Pellerin produces the plans required to obtain permits. He acts as project manager, assembles the teams, recommends the choice of materials, selects suppliers and designs the gardens. For her part, Nicolette Schouten is responsible for the whole of the interior decoration; she suggests furniture, objects, accessories and fabrics. The teams work based on complete interaction, discussing, adjusting and polishing until complete harmony is achieved.

The Collection Privée team is sometimes consulted with a very narrow specification, but it is not unusual for them to receive carte blanche for the whole of a project. In terms of decoration, Nicolette sometimes goes beyond her brief to choose works of art, arrange the kitchen, select the household linen and even choose frames and candles, an art in which she excels.

From one project to the next, Collection Privée stands out for the extremely personal creative choices made. They find the right spot between the expectations stated by the clients and the anticipation of the clients' most secret dreams. Nicolette Schouten and Gilles Pellerin boldly mix styles and periods, colours and materials, based on many years' experience and flawless historical knowledge.

The two professionals bring spontaneous inspiration to each new creation, along with the professional instinct they have for making a place into a unique, successful creation.

# AVANT-PROPOS

## Collection Privée, 25 ans d'une passion commune

L'histoire commence en 1985. Gilles Pellerin et Nicolette Schouten décident d'unir leurs compétences respectives en créant un bureau d'études en architecture, un département de décoration intérieure ainsi qu'un show room à Cannes et Valbonne. Très vite, leur complémentarité humaine et professionnelle séduit par l'exigence de qualité, de sur mesure et d'écoute qui s'en dégage. Le bureau d'études prend très vite de l'ampleur et le show room attire sans cesse de nouveaux clients.

Gilles Pellerin réalise les plans nécessaires au dépôt de permis. Il agit en maître d'œuvre, constitue les équipes, préconise le choix des matériaux, sélectionne les fournisseurs, dessine les jardins. Nicolette Schouten, elle, prend en charge l'ensemble de la décoration intérieure, propose les meubles, objets, accessoires, étoffes. Pour cela, les équipes travaillent en interaction totale, elles se concertent, ajustent et peaufinent jusqu'à l'harmonie totale.

L'équipe de Collection Privée est parfois consultée sur la base d'un cahier des charges extrêmement abouti mais il n'est pas rare qu'elle reçoive carte blanche sur la totalité d'un projet. En décoration, Nicolette dépasse parfois son champs d'intervention, assurant le choix des œuvres d'art, l'agencement d'une cuisine, la sélection du linge de maison, jusqu'aux cadres et bougies, un art dans lequel elle excelle.

D'une signature à l'autre, Collection Privée se démarque par des choix créatifs extrêmement personnels. Ils sont le juste milieu entre les attentes exprimées par les clients et l'anticipation de leurs rêves les plus secrets. A ce titre, Nicolette Schouten et Gilles Pellerin osent le mélange des styles et des époques, celui des couleurs et des matières, nourris par une longue expérience et une parfaite connaissance de l'histoire.

A chaque réalisation, les deux professionnels apportent une inspiration spontanée, l'instinct que l'on reconnaît aux professionnels pour faire d'un lieu une pièce unique et heureuse.

# VOORWOORD

## Collection Privée, 25 jaar gedeelde passie

Het verhaal begint in 1985. Gilles Pellerin en Nicolette Schouten besluiten om hun talenten te bundelen en richten een studiebureau voor architectuur, een kantoor voor interieurdecoratie en showrooms in Cannes en Valbonne op. Hun persoonlijke en professionele complementariteit bekoort al snel door de hoge kwaliteit, de projecten op maat en hun luisterbereidheid. Het studiebureau groeit snel en de showroom blijft nieuwe klanten aantrekken.

Gilles Pellerin maakt de nodige plannen om vergunningen aan te vragen. Hij werkt als bouwheer, stelt teams samen, beveelt materialen aan, selecteert leveranciers en ontwerpt tuinen. Nicolette Schouten neemt het geheel van interieurdecoratie op zich, ze stelt meubels, voorwerpen, accessoires en stoffen voor. De teams werken daarom heel interactief samen, ze overleggen, passen aan en finetunen tot ze tot een perfecte harmonie komen.

Het team van Collection Privée wordt soms geconsulteerd op basis van heel nauwkeurige lastenboeken maar het gebeurt ook niet zelden dat ze carte blanche krijgen voor een volledig project. Nicolette doet soms meer dan voorzien wanneer het op decoratie aankomt en kiest de kunstwerken, de inrichting van de keuken, het huislinnnen en zelfs de kaders en de kaarsen, een kunst waarin ze uitblinkt.

In ieder project onderscheidt Collection Privée zich door de creatieve en persoonlijke keuzes. Het vormt de perfecte balans tussen de verwachtingen van de klant en de anticipatie op diens intiemste dromen. Puttend uit hun lange ervaring en hun uitvoerige historische kennis durven Nicolette Schouten en Gilles Pellerin het aan om stijlen en periodes, kleuren en materialen te combineren. Aan ieder project voegen de twee professionals spontaan iets toe, het resultaat van het instinct waardoor ze er steeds weer in slagen om van een locatie een unieke en gelukkige stek te maken.

## A multitude of projects

Over 25 years in business, covering architecture and interior decoration, the Collection Privée team has completed a multitude of projects – houses, apartments, boats, aeroplanes and offices. As well as the Côte d'Azur where they have their stronghold, Gilles Pellerin and Nicolette Schouten work both in France and abroad. London, Brussels, Amsterdam, Lyon, Saint Petersburg, Ibiza, Gstaad, Zurich, Moscow… they take on all styles and all settings. All their travel has made them flexible and capable of adapting to any situation.

## Signatures multiples

En 25 ans d'activité, entre architecture et décoration d'intérieur, l'équipe de Collection Privée aura signé de multiples réalisations, maisons, appartements, bateaux, avions, bureaux. Outre la Côte d'Azur où leur fief est installé, Gilles Pellerin et Nicolette Schouten interviennent autant en France qu'à l'étranger. Londres, Bruxelles, Amsterdam, Lyon, Saint-Petersbourg, Ibiza, Gstaad, Zürich, Moscou…., ils abordent tous les styles et toutes les ambiances. Leurs multiples voyages les ont rendus flexibles, souples, capables de s'adapter à toutes les situations.

## Veelvoud van projecten

In de 25 jaar waarin ze in architectuur en interieurdecoratie actief waren, schreef Collection Privée een veelvoud van projecten, huizen, appartementen, boten, vliegtuigen en bureaus op zijn naam. Hun thuishaven is de Côte d'Azur, maar Gilles Pellerin en Nicolette Schouten werken evengoed in het buitenland. Londen, Brussel, Amsterdam, Lyon, Sint-Petersburg, Ibiza, Gstaad, Zürich, Moskou … Geen enkele stijl of omgeving is hen te moeilijk. Door het vele reizen werken ze flexibel, soepel en leerden ze zich aan iedere situatie aan te passen.

SELECTED WORKS

## DEPTH OF FIELD

At Cap d'Antibes, perfectly placed between the Lérins Islands and the Estérel Massif, this villa – contemporary in the extreme – has taken the place of a provençal house that was demolished. The design of the spaces and openings and the choice of materials and furniture are remarkable expressions of Collection Privée's approach. The same applies to the dialogue in place between the interior and exterior: from the pools along the length of the house to the views over the countryside, it all promises tranquillity. Created for a client who became a friend, and with whom the team had a strong bond of trust, this project combines clean lines in the furniture and top of the range materials with a sometimes impertinent touch in the colours and artworks. Collection Privée allies this with its expertise in installing the perfect home automation systems. Art works a.o. by Jerry Pellerin, Dimitri Tolstoï, Marcello lo Giudice and Arman.

## PROFONDEUR DE CHAMPS

Située au Cap d'Antibes, en parfait vis-à-vis des îles de Lérins et du massif de l'Estérel, cette villa, contemporaine à l'extrême a pris la place d'une maison provençale qu'il a été décidé de raser. La conception des volumes et des ouvertures, le choix des matériaux et du mobilier sont de remarquables expressions de la signature Collection Privée. Il en est de même dans le dialogue qui s'installe entre intérieur et extérieur : des bassins au long de la maison jusqu'aux perspectives qu'offre le paysage, sont autant de promesses de quiétude. Créée pour le compte d'un client devenu ami avec qui la relation de confiance n'est pas nouvelle, cet ouvrage associe l'épure de meubles et de matériaux haut de gamme, à la touche parfois insolente des couleurs et des œuvres d'art. A cela, Collection Privée ajoute son savoir-faire dans la mise en place d'installations domotiques perfectionnées. Œuvres d'art e.a. de Jerry Pellerin, Dimitri Tolstoï, Marcello lo Giudice et Arman.

## VERGEZICHTEN

Gelegen op de Cap d'Antibes, recht tegenover de Lérins-eilanden en het Estérel-massief, staat een hypermoderne villa. Het Provençaalse huis dat er voordien stond, werd met de grond gelijkgemaakt. Het gebruik van volume en luchtinval en de keuze van de materialen en meubelen zijn opvallende kenmerken van Collection Privée. Hetzelfde geldt voor de dialoog tussen het interieur en de omgeving. Vijvers lopen langs het huis tot aan de horizon en zorgen voor rust en kalmte. Het project was gerealiseerd voor een inmiddels bevriende klant, die al lang vertrouwt op Collection Privée. Het resultaat is een combinatie van meubels en kostbare materialen met uitgepuurde lijnen, soms enigszins buitensporig wat het gebruik van kleur en kunst betreft. Collection Privée voegt daar nog haar vakkennis van de installatie van state-of-the-art- domoticatoestellen aan toe. Kunstwerken van o.a. Jerry Pellerin, Dimitri Tolstoï, Marcello lo Giudice en Arman.

## CONSTRUCTION SET

In the heights of Cannes, this project is probably one of the sharpest creations in Gilles Pellerin's contemporary register. The strict balance of this dwelling "block" is based on the perfect symmetry of the geometric shapes. The façade alternates Gneiss and a very fine white coating. The garden features a contemporary interpretation of the famous provençal terraces whose low walls cleverly integrate the differences in level. Around the house, there are teak-bordered pools, terraces in Italian Pietra Serena stone and a swimming pool flush with the ground, covered with natural stone mosaics.

Entering the house, it is impossible to miss the zinc door, worthy of being considered a work of art. Inside, the flooring has wide grey tiles, a magnificent grey oak wood floor in the main bathroom, and an uncompromisingly clean layout.

## JEU DE CONSTRUCTION

Sur les hauteurs de Cannes, cette œuvre est sans doute l'une des réalisations les plus affûtées du registre contemporain de Gilles Pellerin. Le strict équilibre de ce « bloc » à vivre tient à la symétrie parfaite des formes géométriques. La façade alterne la pierre de Gneiss et un enduit blanc très fin. Dans le jardin, on note une interprétation contemporaine des fameuses restanques provençales dont les murettes basses intègrent astucieusement les différences de niveaux. Aux abords de la maison, des bassins bordés de teck, des terrasses en pierre italienne Pietra Serena, et une piscine affleurante tapissée de mosaïques de pierres naturelles.

Pour passer le pas de la maison, impossible de manquer cette porte en zinc digne d'une œuvre d'art. A l'intérieur, les sols adoptent de larges dalles grises, un magnifique parquet en chêne grisé dans la salle de bain principale, puis un aménagement à l'épure sans compromis.

## BOUWSPEL

In de hoogvlakten van Cannes is dit werk zonder twijfel een van de grootste verwezenlijkingen uit het hedendaagse oeuvre van Gilles Pellerin. Het strakke evenwicht van dit 'woonblok' steunt op een perfecte symmetrie van geometrische vormen. De gevel bestaat uit een afwisseling van gneis en een fijne witte pleisterlaag. In de tuin vinden we een hedendaagse interpretatie van de typische Provencaalse 'restanques' in de lage muurtjes die de verschillende niveaus vlotjes met elkaar verbinden. Nabij het huis zijn er verschillende vijvers in teakhout, terrassen in Italiaanse pietra serena-steen en een zwembad met mozaïeken in natuursteen. Bij het binnengaan van het huis blijft de zinken poort – een heus kunstwerk – niet onopgemerkt. Binnen is de vloer belegd met grijze stenen, een magnifiek grijs eiken parket in de grootste badkamer en een strakke inrichting zonder compromissen.

## IN THE SHADE OF THE ORANGE TREES

At Corniche du Paradis, one of the most prestigious sites in Cannes, this house, built in 2001, has found its place in the heart of a listed orange grove. There, Gilles Pellerin designed what he describes as a charming residence with a classical exterior appearance that is enlivened by purely contemporary interiors. The gardens are the work of Jean Mus. They contain a number of works of art whose trail can be followed to the house. On the walls, the natural texture of the dry stone borders the texture of lime. In the living rooms, the old wooden floorboards bring out the clean lines of the furniture and objects.

## A L'OMBRE DES ORANGERS

Sur la Corniche du Paradis, l'un des sites les prestigieux de la cité cannoise, cette maison construite en 2001, a trouvé sa place au cœur d'une orangeraie classée. Là, Gilles Pellerin a dessiné ce qu'il appelle une demeure de charme dont l'allure extérieure classique se laisse bousculer par des intérieurs purement contemporains. Les jardins sont l'œuvre de Jean Mus. On y remarque quelques œuvres d'art dont on suit les pas jusque dans la maison. Sur les murs, la texture naturelle de la pierre sèche côtoie celle de la chaux. Dans les pièces à vivre, des lattes de parquet ancien rehaussent l'épure des meubles et des objets.

## IN DE SCHADUW VAN DE SINAASAPPELBOMEN

Het huis werd gebouwd in 2001 in Corniche du Paradis, een van de meest prestigieuze wijken van Cannes, middenin een beschermde sinaasappelboomgaard. Daar tekende Gilles Pellerin het huis, naar eigen zeggen een charmant verblijfje waarvan het klassieke uitzicht volledig in contrast staat met het moderne interieur. De tuinen zijn van de hand van Jean Mus. We ontdekken er enkele kunstwerken die ons naar het huis leiden. Op de muren lopen de natuurlijke structuren van breuksteen en kalk mooi in elkaar over. In de leefruimtes zet de parketvloer de uitgepuurde vormen van de meubelen en decoratieobjecten extra in de verf.

## FINCA IN IBIZA

In Ibiza, the villagers' houses are called fincas. This one was completely renovated in an anti-conventional rustic style, with patinas and driftwood, whiteness and simplicity. The house has kept all the charm of its thick whitewashed walls, with smooth lines that soothe the eye. The house is intended to welcome family and friends, and the rooms have been approached on that basis: nine independent bedrooms, each with a contemporary bathroom and outside terrace. Throughout the house, the whiteness is broken here and there with colourful touches tending towards hippie culture (objects, carpets, hangings, etc.): a reminder that we are in Ibiza. Outside, an intimate, calm décor predominates around two swimming pools, one of which is a training pool. Near one of these, an old almond tree can be seen, transformed into a modern sculpture – a frequent feature in Ibiza. The garden all around is a Mediterranean orchard full of local trees: olive, fig, orange and lemon.

## FINCA À IBIZA

A Ibiza, les maisons qu'habitent les villageois s'appellent des Finca. Celle-ci a été totalement rénovée sur un mode campagne anti conventionnel, patines et bois flotté, blancheur et simplicité. La maison a gardé tout le charme de ses murs épais, blanchis à la chaux vive et dont les lignes adoucies apaisent le regard. Destinée à recevoir famille et amis, les espaces ont été traités en conséquence : 9 chambres indépendantes, chacune dotée de sa salle de bain contemporaine et de sa terrasse extérieure. Partout, la maison joue la blancheur que pigmentent çà et la des touches colorées aux tendances hippies (objets, tapis, tentures…), rappelant que nous sommes à Ibiza. A l'extérieur, un décor intime et apaisant autour de deux piscines dont l'une est traitée comme un bassin de natation. Auprès de l'une d'elle, on aperçoit un vieil amandier transformé en sculpture moderne, un procédé connu à Ibiza. Tout autour, le jardin est un verger méditerranéen, planté d'espèces locales : oliviers, figuiers, orangers et citronniers.

## FINCA OP IBIZA

Op Ibiza wonen de dorpelingen in een finca. Deze finca werd volledig gerenoveerd in een onconventionele landelijke stijl. Patina en drijfhout, wit en eenvoud. De woning behield al haar charme met dikke witgekalkte muren, waarvan de vage lijnen de ogen rust gunnen. De finca werd ontworpen met het oog op bezoek van vrienden en familie: 9 afzonderlijke kamers, elk met een moderne badkamer en een terras. In het hele huis wordt het wit af en toe aangevuld met kleurrijke elementen in hippiestijl (objecten, tapijten, wandbekleding) die ons eraan herinneren dat we op Ibiza zijn. Buiten worden de twee zwembaden – een om te ontspannen, een om baantjes in te zwemmen - omringd door een intiem, rustgevend decor. Bij een van de twee zwembaden staat een amandelboom die, volgens een bekend procédé van Ibiza, tot een modern kunstwerk werd omgetoverd. De tuin wordt omringd door een mediterrane boomgaard van plaatselijke boomsoorten: olijfbomen, vijgenbomen, sinaasappelbomen en citroenbomen.

## HIGH PLACES

These two apartments are located in a luxurious hotel complex in Gstaad. Collection Privée managed their complete renovation, carefully avoiding the cliché of the mountain chalet, without at the same time losing the quiet atmosphere that is an important part of the mountains. The living spaces have been tackled in a quite contemporary fashion, with the highest quality noble materials: walls in wood from old barns (elm or pine shaded grey with the passage of time), slate, old wooden floors, sliding doors in chrome, zinc patchwork, and walk-in wardrobes in lacquer or foal, wool serge, cashmere, zebra skin, etc.

Beautifully made pieces such as Ralph Lauren seats or Baltus chairs and lamps stand out in every room. On the walls there are artworks such as the large petrified wood piece by Tomeç Krupinski and the red skull and crossbones by Olivier Domain (signed OII).

## HAUTES SPHÈRES

Ces deux appartements sont situés dans un luxueux complexe hôtelier de Gstaad. Collection Privée en a géré la totale rénovation en évitant soigneusement le cliché du chalet montagnard, sans pour autant contourner l'ambiance feutrée appréciée à la montagne. Traités dans un esprit plutôt contemporain, les espaces de vie adoptent des matériaux nobles et de très haute qualité : murs en bois issu de veilles granges (orme ou pin grisé par le temps), ardoise, parquets anciens, portes coulissantes en chrome, patchwork de zinc, dressing habillés de laque ou de peau de poulain, serge de laine, cachemire, peau de zèbre…

D'une pièce à l'autre, on note de belles factures telles que des assises Ralph Lauren ou des sièges et lampes Baltus. Sur les murs des œuvres d'artistes telles que ce grand format en bois pétrifié de Tomeç Krupinski et cette tête de mort rouge signée par Olivier Domain (OII).

## HOGERE SFEREN

De twee appartementen liggen in een luxueus hotelcomplex in Gstaad. Collection Privée stond in voor de volledige renovatie. Ze meden daarbij zorgvuldig het cliché van de bergchalet, zonder afbreuk te doen aan de gezelligheid die in de bergen zo geapprecieerd wordt. De aanpak was eerder modern. De ruimtes werden aangekleed met edele, hoogkwalitatieve materialen: muren uit oud hout (iep of den die met de ouderdom wit geworden is), leisteen, antiek parket, chromen schuifdeuren, zinken patchwork, dressings met lak of veulenbont, sergewol, kasjmier, zebrahuid …

In de verschillende vertrekken merken we pronkstukken op zoals banken van Ralph Lauren of stoelen en lampen van Baltus. Aan de muren prijken kunststukken zoals het grote werk in versteend hout van Tomeç Krupinski en de rode doodshoofdvlinder van Olivier Domain (OII).

COLLECTION PRIVÉE:
THE TEAM

### Nicolette Schouten: here and elsewhere

She has always been a traveller. Not only did Nicolette Schouten move more than 20 times before the age of 20, she has continued to travel constantly since then. Argentina, Asia, Belgium, Germany, the Netherlands, Spain… It piqued Nicolette's curiosity, she became open to diversity, and enamoured of cultures and new horizons. Along the way, she gained a sure feel for beautiful materials, refined textures and *objets d'art* that she combines with taste and creativity. "On every journey, I leave myself open to surprises and I watch out for enchantment," she says.

It's not unusual for a fabric brought back from her travels to inspire her to order weaving from an artisan, or for a pair of old Chinese ceramics to one day be transformed into two superb lamps for a client. Inspiration seizes her – often unexpectedly, sometimes without her realising it – to bubble back to the surface and manifest itself proudly in her creations.

"When I work on an interior decoration project, I respect even the smallest expectations of my clients, their lifestyle, the personality of the place and, of course, the culture of the country. This means that I run from any and all stereotypes and I refuse to fit a mould or to be pigeonholed in a certain decorative style," she asserts, as a kind of liberty. "Ultimately, I like to give a house an original touch that draws the eye, raises questions, invites attention, such as – why not – an old item revisited, a brilliant work of art, or a repurposed piece of furniture."

### Gilles Pellerin: space is a source of well-being

Since studying in Spain, Gilles has lived to travel and hasn't stopped crossing borders. In addition to his architectural inspiration, this has also given him an openness to others and a capacity to adapt to diversity. With his love of modern art and contemporary architecture, Gilles Pellerin indisputably prioritises the spaces that he designs in symbiosis with the exterior aesthetic. "I design the spaces of a house with an eye to the light that will set the rhythm for each hour of the day. I place the openings based on this and I don't give any ground to the orientation of the house on the site. For me, the spaces are the primary factors in well-being." Once the spaces have been defined, their arrangement becomes almost obvious, right down to where to place a work of art.

Another of his obsessions is quality. Gilles Pellerin is highly focused on this for himself and for his collaborators, but also for his network of external service providers that he personally chose over a period of years for their expertise and their quest for perfection.

An atmosphere of cooperation and dialogue reigns in his loft studio in the centre of Cannes, with its ultra-contemporary look. The team assembled by Gilles Pellerin is the essential core of his work. He wanted the team to benefit from having a mixture of men and women with a variety of talents. Against a sharply designed décor bathed in natural light, a large communal table brings together key participants. Gilles Pellerin receives clients in his open office – a moment of dialogue that he believes is very important. They come with desires, ideas, sometimes a sketch or a magazine feature, and it is then up to the studio to transform these dreams into reality. "Human exchange is a passion for me. With my team, I transmit, question and share; with my clients, I receive something from their culture and experience. In turn, I give them something of myself," explains Gilles Pellerin, for whom work seems to be a source of genuine pleasure.

## Nicolette Schouten, ici et ailleurs

Son parcours est celui d'une voyageuse. Non seulement Nicolette Schouten aura déménagé plus de vingt fois avant l'âge de 20 ans, mais elle n'a ensuite jamais cessé de voyager. Argentine, Asie, Belgique, Allemagne, Pays-Bas, Espagne… Nicolette en est devenue curieuse, ouverte à la diversité, éprise de cultures et d'horizons nouveaux. Elle y a gagné un goût très sûr pour les belles matières, les textures raffinées et les objets d'art qu'elle marie avec goût et créativité. « A chacun de mes déplacements, je me laisse surprendre et je guette le coup de cœur » avoue-t-elle.

Il n'est pas rare qu'une étoffe rapportée de voyage inspire le tissage commandé à un artisan, qu'une paire de céramiques chinoises anciennes soit un jour transformée en deux superbes lampes pour le compte d'un client.

Souvent inattendues, Les inspirations l'assaillent, parfois à son insu, pour rejaillir comme une évidence dans ses réalisations.

« Lorsque je travaille sur un projet de décoration intérieure, je respecte les moindres attentes de mes clients, leur mode de vie, la personnalité du lieu, et bien sûr la culture du pays. Je fuis donc tout ce qui est stéréotypé et je refuse d'entrer dans un moule, d'être cataloguée dans un registre décoratif, revendique t-elle comme une forme de liberté. j'aime au final apporter à la maison une touche originale qui attire l'attention, suscite le questionnement, interpelle, comme pourquoi pas, une pièce ancienne revisitée, une œuvre d'art magistrale, un meuble détourné de sa fonction première».

## Gilles Pellerin, le volume est source de bien-être

Depuis ses études en Espagne, Gilles se nourrit de voyages, il n'a cessé de passer les frontières. Outre ses inspirations architecturales, il en a gagné son ouverture sur les autres et sa capacité à s'adapter à la diversité. Epris d'art moderne et d'architecture contemporaine, Gilles Pellerin donne une indiscutable priorité aux volumes qu'il conçoit en symbiose avec l'esthétique extérieure. « Je dessine les volumes d'une maison en pensant à la lumière qui rythmera chaque heure de la journée. Je place les ouvertures en conséquence et ne concède rien à l'orientation de la maison sur le site. Pour moi, les volumes sont les premiers facteurs de bien être ». Une fois les espaces définis, leur agencement devient presque une évidence jusqu'à la place prévue pour accueillir une œuvre d'art.

Autre obsession, celle de la qualité. Gilles Pellerin s'y attache pour lui même et pour ses collaborateurs mais également avec son réseau de prestataires extérieurs qu'il a mis des années à choisir pour leur expertise et leur recherche de la perfection.

Dans son loft du centre cannois à l'allure ultra contemporaine, règne une atmosphère de partage et de concertation. L'équipe qu'a bâti Gilles Pellerin est pour lui son noyau dur. Il l'a voulu riche de la mixité homme-femme et de talents multiples. Dans un décor au design affûté baigné de la lumière naturelle, une grande table commune réunit les indispensables collaborateurs. Dans son bureau ouvert, Gilles Pellerin reçoit ses clients, un moment de partage auquel il tient beaucoup. Ils viennent avec des envies, des idées, parfois un croquis ou le reportage d'un magazine ; au bureau d'études de transformer ces rêves en réalité. « L'échange humain est pour moi une passion. Avec mon équipe, je transmets, questionne, partage ; avec mes clients, je reçois de leur culture et de leur expérience. A mon tour de leur donner un peu de moi-même ». Explique Gilles Pellerin pour qui le travail semble un vrai bonheur.

## Nicolette Schouten, hier en elders

Haar parcours is dat van een reiziger. Niet alleen verhuisde Nicolette Schouten voor haar twintigste al meer dan twintig keer, ze is nooit gestopt met reizen. Argentinië, Azië, België, Duitsland, Nederland, Spanje ... Nicolette is nieuwsgierig, staat open voor diversiteit en is bezeten door nieuwe culturen en verre horizonten. Ze ontwikkelde een zeer fijne neus voor mooie stoffen, geraffineerde texturen en kunstobjecten die ze met smaak en creativiteit combineert. "Op al mijn reizen laat ik mij verrassen en wacht ik op een *crush*", bekent ze. Het gebeurt wel vaker dat een stof die ze meebracht van een van haar reizen inspiratie brengt voor de stof die bij een handwerker wordt besteld of dat een paar antieke Chinese keramische voorwerpen op een dag worden omgevormd tot twee sublieme lampen op vraag van de klant.

Vaak wordt ze onverwacht en zelfs onbewust door inspiratie overvallen, die dan als vanzelfsprekend in haar projecten opduikt. "Wanneer ik aan een interieurdecoratieproject werk, hou ik rekening met de verwachtingen van mijn klanten, hun levenswijze, het karakter van de omgeving en natuurlijk met de cultuur van het land. Ik vermijd dus ieder stereotype en weiger in herhaling te vallen of bij een bepaalde decoratieve strekking ingedeeld te worden." Over een statement gesproken. "Ik wil een huis altijd een unieke touch geven die de aandacht trekt, vragen oproept, interpelleert. Zoals bijvoorbeeld een herinterpretatie van een antiek werk, een meesterwerk of een meubel dat uit zijn normale context is gerukt."

## Gilles Pellerin, volume als bron van welbehagen

Sinds hij in Spanje studeerde, is Gilles niet meer thuis te houden en vertoeft hij regelmatig buiten de landsgrenzen. Hij haalt er niet alleen architecturale inspiratie maar leerde er ook open te staan voor anderen en zich aan te passen aan diversiteit. Bezeten door kunst en architectuur geeft hij zonder twijfel de voorkeur aan volumes die in symbiose met de omgeving leven. "Ik teken de volumes van een huis met het ritme van het zonlicht op ieder moment van de dag in gedachten. Ik stem de lichtinval daarop af en hou geen rekening met de oriëntatie van het huis op de site. Voor mij is volume de belangrijkste factor voor welbehagen." Wanneer volumes eenmaal zijn ingedeeld, volgt de inrichting bijna vanzelf, tot het plaatsen van een kunstwerk toe.

Een andere obsessie is de kwaliteit. Gilles Pellerin eist kwaliteit van zichzelf en zijn medewerkers maar ook van zijn netwerk van externe medewerkers. Hij deed er jaren over om het perfecte team samen te stellen op basis van hun expertise en hun streven naar perfectie.

In zijn hypertrendy loft in het centrum van Cannes hangt een vrije, onbevangen sfeer die de creativiteit stimuleert. Gilles Pellerins team is zijn harde kern. Hij koos voor een rijke mix van mannen en vrouwen met verschillende talenten. In het strak ingerichte decor dat baadt in natuurlijk licht zitten de onmisbare medewerkers aan een grote tafel. In zijn open bureau ontvangt Gilles Pellerin zijn klanten, een moment van uitwisseling dat hij heel belangrijk vindt. Ze komen naar zijn bureau met voorkeuren, ideeën en soms met een schets of een reportage uit een magazine om van hun dromen werkelijkheid te maken. "De wisselwerking tussen mensen boeit me. Met mijn team wisselen we gedachten, stellen we vragen, delen we. Van mijn klanten krijg ik een blik op hun cultuur en hun ervaringen. En dan is het aan mij om wat van mezelf te geven," legt Gilles Pellerin uit. Zijn werk is zijn geluk.

### A well-built team

From plans to complete creations, Gilles Pellerin and Nicolette Schouten have tirelessly built up a network of artisans, artists and creators, all driven by the same creative verve, passion for customisation and know-how that fuse a knowledge of tradition with the boldness of innovation. These peerless professionals do not hesitate to question everything they know in each project. They seek out materials and adapt the tools and methods that will be the most suitable for the most stringent demands, daring to try the unexpected until perfection has been achieved. Collection Privée maintains and enhances this precious network with unreserved loyalty and an intellectual and human exchange made possible by the large number and diversity of its projects.

This team is joined by French or foreign names – major brands or small workshops – who constantly prove themselves in terms of the quality of their work and services rendered. Loyal and responsive at all times, these brands have a valued place in the Collection Privée show room and many of its projects.

### Kevin Caprini

Kevin is an architect with the Collection Privée Cannes team, holder of a degree from the Ecole Supérieure d'Architecture de Paris Val de Seine (Paris Val de Seine higher architecture college). After his degree, he obtained his project management authorisation from the Ecole Supérieure d'Architecture de Marseille Luminy (Marseille Luminy higher architecture college). From the early years of his studies, he worked for the Collection Privée studio team as an intern, and is now one of its most valuable contributors. His work and rigour, along with his sense of synthesis and organisation, have put him in the role of the studio's right-hand man. His pragmatic approach makes him ideal to channel and bring to fruition ideas created by the fieriest designers.

### Jerry Pellerin

As a student in his fourth year at the Ecole Spéciale d'Architecture de Paris (ESA – Paris special architecture college), Jerry did not wait until the end of his studies to create, design and attempt the extravagances of the artist. With a passion that has been evident since his first year of college, Jerry takes risks and pushes the limits – to good effect. He joins the team whenever his timetable permits. He has a complementary working relationship with Kevin based on friendship and support, giving the projects that they lead a touch of daring that is always welcome. Once his degree is complete, it's a safe bet that he will be in the future team alongside Kevin.

### Marianne Pellerin

Over time, interior decorator Marianne Pellerin has established a close, complementary relationship with Nicolette Schouten, with whom she cooperates on specific projects and on purchases for the shops. Marianne has run Collection Privée in Valbonne for 10 years, building up a huge clientele through her taste and creativity. She has a great feel for contemporary architecture and likes to build bridges with the studio and Gilles Pellerin. With her interest and eagerness for new trends, she picks out new developments and meets new creators, bringing this wealth of knowledge to bear in building a collaborative relationship that will play a key role in the future of Collection Privée.

## Une équipe construite

De projets en réalisations, Gilles Pellerin et Nicolette Schouten n'ont eu de cesse de tisser un réseau d'artisans, artistes, créateurs… tous animés par cette verve créative, cette passion du sur mesure et ce savoir-faire mêlant la connaissance des traditions à l'audace de l'innovation. A chaque projet, ces professionnels hors pair n'hésitent pas à remettre leurs acquis en question. Ils cherchent les matières, adaptent les outils et les méthodes qui conviendront le mieux aux plus hautes exigences, osant l'inattendu jusqu'à la réussite de la perfection. Collection Privée entretient et enrichit ce précieux réseau par une fidélité sans réserve et un échange intellectuel et humain que la multiplicité et la diversité des projets rendent possibles.

A cette équipe, s'ajoutent des références françaises ou étrangères, grandes marques ou petits ateliers, qui ne cessent de faire leurs preuves en terme de qualité de travail et de services rendus. Fidèles et réactives en toutes occasions, ces marques-là trouvent une place de choix dans le show room de Collection Privée et dans certaines de ses réalisations.

## Kevin Caprini

Architecte au sein de l'équipe cannoise de Collection Privée, Kevin est diplômé de l'Ecole Supérieure d'Architecture de Paris Val de Seine. Il a ensuite obtenu son habilitation à la maîtrise d'œuvre à l'Ecole Supérieure d'Architecture de Marseille Luminy. Dès ses premières années d'études, il intègre le bureau d'Etudes de Collection Privée comme stagiaire. Il en est à ce jour l'un des plus précieux collaborateurs. Par son travail et sa rigueur, son sens de la synthèse et de l'organisation, on lui reconnaît l'image d'un homme de confiance. Son esprit pragmatique fait de lui l'élément idéal pour canaliser et faire fructifier les idées des créatifs les plus fougueux.

## Jerry Pellerin

Elève en quatrième année de l'Ecole Spéciale d'Architecture de Paris (ESA), Jerry n'a pas attendu la fin de ses études pour créer, dessiner, tenter les folies de l'artiste. Telle une passion éprouvée dès sa première année d'école, Jerry est celui qui ose et pousse les limites vers le génial. Il rejoint l'équipe aussi souvent que son emploi du temps lui permet. Grace à l'amitié et la complicité de Kévin, il agit avec lui en toute complémentarité, donnant aux projets qu'ils mènent de front, une touche d'audace toujours bienvenue. Une fois son diplôme en poche, gageons qu'il constituera la future relève, précisément aux côtés de Kevin.

## Marianne Pellerin

Décoratrice d'intérieur, Marianne Pellerin a forgé au fil du temps, une relation complice et complémentaire avec Nicolette Schouten avec qui elle collabore sur certains projets et sur les achats destinés aux boutiques. Depuis 10 ans, Marianne dirige Collection Privée à Valbonne où elle a su développer une vaste clientèle de par son goût et sa créativité. Douée d'un grand sens de l'architecture contemporaine, elle aime jouer les passerelles avec le bureau d'études et Gilles Pellerin. Curieuse et avide de tendances nouvelles, elle glane les nouveautés, rencontre de nouveaux créateurs, autant de richesses dont elle nourrit une collaboration largement inscrite dans le futur de Collection Privée.

## Een team om op te bouwen

Voor al hun projecten blijven Gilles Pellerin en Nicolette Schouten bouwen aan hun netwerk van handwerkers, kunstenaars, ontwerpers … die door de creatieve microbe gebeten zijn. De passie van maatwerk en de vakkennis om traditie te vermengen met stoutmoedige innovatie. Bij ieder project stelt dit buitengewone team zichzelf opnieuw in vraag. Ze zoeken materialen, gebruiken de middelen en methodes die de hoge eisen het best zullen dienen en spelen met onverwachte elementen tot ze de perfectie bereiken. Collection Privée onderhoudt en verrijkt dit kostbare netwerk via intellectuele en menselijke uitwisselingen en houdt het warm met de vele, gevarieerde projecten.

Aan dat team worden verschillende Franse of buitenlandse referenties toegevoegd: grote merken of kleine ateliers, die zich telkens opnieuw bewijzen met hun kwalitatieve werk en service. Dankzij hun trouw en reactiviteit krijgen die merken een voorkeursplaatsje in de showroom van Collection Privée en in een aantal van de projecten.

## Kevin Caprini

Kevin maakt als architect deel uit van het team van Collection Privée in Cannes. Hij behaalde zijn diploma aan de Ecole Supérieure d'Architecture van Paris Val de Seine en vervolgens zijn vergunning van bouwheer aan de Ecole Supérieure d'Architecture van Marseille Luminy. Al tijdens zijn eerste studiejaren werkte hij als stagiair in het bureau van Collection Privée. Hij is er tot op de dag van vandaag een van de belangrijkste medewerkers. Dankzij zijn werk en zijn rechtlijnigheid, zijn zin voor synthese en organisatie is hij vandaag een betrouwbare partner. Zijn pragmatische ingesteldheid maakt hem tot de ideale persoon om de wildste creatieve ideeën te kanaliseren en tot een goed einde te brengen.

## Jerry Pellerin

Jerry, een vierdejaarsstudent aan de Ecole Spéciale d'Architecture in Parijs (ESA), wachtte het einde van zijn studies niet af om te beginnen met te creëren, te tekenen en de grenzen van zijn artistieke vrijheid af te tasten. Zijn passie was al overduidelijk tijdens het eerste jaar van zijn studies en Jerry verlegt de grenzen tot het geniale. Hij vervoegt het team zo vaak als hij kan. Dankzij de vriendschap en goede verstandhouding die hij met Kevin deelt, vullen de twee elkaar perfect aan en geven ze aan hun projecten regelmatig een gedurfde toets. Wedden dat hij, eenmaal zijn diploma op zak, de bouwstenen van de toekomst zal leggen, samen met Kevin.

## Marianne Pellerin

Deze interieurdecoratrice smeedde in de loop der jaren een vertrouwelijke band en een goede verstandhouding met Nicolette Schouten. Ze werken samen aan bepaalde projecten en doen inkopen voor de boetieks. Sinds 10 jaar staat Marianne aan het hoofd van Collection Privée in Valbonne waar ze dankzij haar smaak en creativiteit een vast cliënteel opbouwde. Met haar neus voor hedendaagse architectuur slaat ze graag bruggen tussen het studiebureau en Gilles Pellerin. Ze is nieuwsgierig naar nieuwe trends, gaat constant op zoek naar nieuwigheden en ontmoet nieuwe ontwerpers. Met al die rijke ingrediënten voedt ze haar toekomstige samenwerking met Collection Privée.

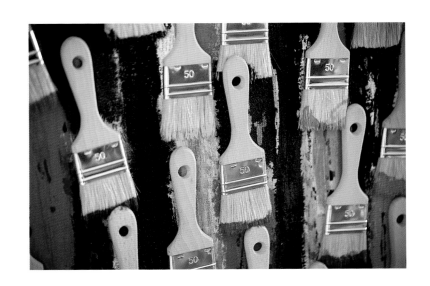

## LUMINOUS IDEAS

Based a few metres from Rue d'Antibes, backing onto a show room with the same name, Collection Privée's offices are in a loft studio flooded with invaluable daylight all day long. From the entrance onwards, the visitor is immersed in a sparkling working atmosphere. On the upper level, the offices are simply informal spaces with no ungainly separations. Treated like a common room, the employees' office resembles a great dining table that encourages exchange and dialogue. Nearby, Gilles Pellerin wanted an open office that would allow him to communicate with his team in real time, follow the progress of jobs and hold effective discussions.

In terms of materials, opaque glass, light wood, steel and polished concrete, a choice of white furniture with resolutely clean lines and the detail of the handles in brushed aluminium are all trademarks of the well defined Collection Privée spirit.

## IDÉES LUMINEUSES

Basés à quelques mètres de la rue d'Antibes, adossés à un show room du même nom, les bureaux de Collection Privée sont installés dans un loft où la précieuse lumière du jour s'invite à toute heure. Dès l'entrée, le visiteur est plongé dans l'atmosphère effervescente du travail. A l'étage, les bureaux ne sont que des volumes qui se tutoient sans aucune séparation disgracieuse. Traité comme une salle commune, le bureau des collaborateurs ressemble à une table d'hôte qui favorise l'échange et la concertation. Tout près, Gilles Pellerin a souhaité un bureau ouvert qui lui permet de communiquer en temps réel avec son équipe, de suivre le déroulement des dossiers et d'échanger de manière efficace.

Côté matériaux, le verre opaque, le bois clair , l'acier et le béton ciré, le choix de meubles blancs aux formes résolument épurées, jusqu'au détail de poignées en alu brossé, sont autant de marques de fabrique qui définissent si bien l'esprit Collection Privée.

## LUMINEUZE IDEEËN

Op enkele meters van de Rue d'Antibes, naast een showroom met dezelfde naam, liggen de kantoren van Collection Privée, in een loft waar het zonlicht op ieder moment van de dag uitnodigend binnenvalt. Zodra hij binnenkomt, wordt de bezoeker meegesleept in de bruisende werksfeer. Op de bovenverdieping bevinden de kantoren zich in een open ruimte zonder ontsierende afscheidingen. In deze gemeenschappelijke ruimte lijken de bureaumeubels op dinertafels die uitnodigen tot uitwisseling en overleg. Gilles Perrelin koos voor een open kantoor in de buurt van zijn medewerkers zodat hij in real time en uiterst efficiënt met zijn team kan communiceren, dossiers opvolgen en kan meewerken.

Ook de materialen geven de geest van Collection Privée perfect weer: ondoorzichtig glas, licht hout, gepolijst staal en beton, witte meubelen met strakke vormen en zelfs handvatten in geborsteld aluminium.

IMPRESSIONS

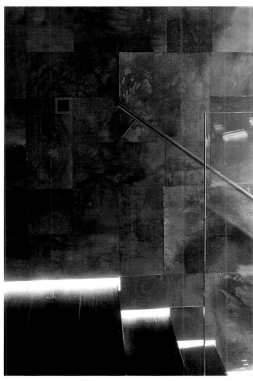

## Acknowledgements

*For 26 years, Collection Privée has owed its success to its clients' confidence and trust. Their immense faith guarantees our success, and more than that, our motivation.*
*An enterprise can be judged by the quality of the team behind it. We would like to thank the Collection Privée team for the energy and determination they put into every stage of their projects. Collection Privée is fortunate to have a wide network of external service providers from all walks of life, manufacturers and companies whose skill has long been proven.*
*We hope that this fruitful collaboration will mark our shared success for a long time to come.*

*Nicolette Schouten and Gilles Pellerin*
*www.collection-privee.com*

**Remerciements**

Depuis 26 ans, Collection Privée doit son succès à la confiance que ses clients lui accordent. Leur immense fidélité est le garant de notre réussite, plus encore, une motivation.
C'est à la qualité d'une équipe que l'on juge celle d'une entreprise. Que celle de Collection Privée soit ici remerciée pour l'énergie et la détermination dont elle fait preuve à chaque étape de ses projets.
Collection Privée est riche d'un réseau largement étoffé de prestataires extérieurs, tous corps de métiers confondus, de fabricants et d'enseignes dont la compétence n'est plus à prouver.
Que cette collaboration fructueuse reste longtemps le signe de notre réussite commune.

Nicolette Schouten et Gilles Pellerin
www.collection-privee.com

**Dankbetuiging**

Collection Privée dankt haar succes sinds 26 jaar aan het vertrouwen dat ze van haar klanten krijgt. Hun loyaliteit is onze garantie op succes en een grote motivatie.
Een bedrijf wordt beoordeeld op het succes van haar team. We willen het team van Collection Privée via deze weg bedanken voor de energie en de inzet die ze bij ieder project aan dag brengen.
Collection Privée heeft een uitgebreid netwerk van externe medewerkers, allemaal vakmensen, producenten en merken die zichzelf al lang bewezen hebben.
We hopen dat die vruchtbare samenwerking nog lang aan de basis mag liggen van ons wederzijds succes.

Nicolette Schouten et Gilles Pellerin
www.collection-privee.com

**PUBLISHER**

BETA-PLUS publishing
www.betaplus.com

**PHOTOGRAPHY**

Jo Pauwels / Marcel Jolibois / Père Planells

**DESIGN**

Polydem – Nathalie Binart

**TEXT**

Sylvie Grand

**TRANSLATIONS**

Isabelle Coen-Dulon (français)
Txt-Ibis (English)

ISBN 13:   978-90-8944-066-2

© 2011, BETA-PLUS